R. COURAL

Dernière Guerre

Guerre Prochaine

C'était une belle compagnie...

N'importe quand, n'importe où — dans des conditions invraisemblables, il suffisait d'un geste : elle partait à l'attaque sans un regard en arrière, à fond !

De splendides chefs de section, de merveilleux soldats.

C'est de cette matière qu'est faite la France !...

L'utilisation meilleure de cette incomparable richesse est le secret de la Victoire de demain.

MACON

IMPRIMERIE J. BUGUET-COMPTOUR

4, RUE SAINT-NIZIER ET 1, RUE BENECÉ

1920

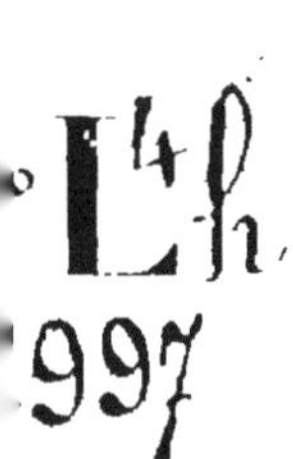

ERRATA

P. 21, ligne 28. Ajouter : [Au « tir », *on tirait* !... C'était simple !]

P. 25, ligne 15. Lire : « Le 1ᵉʳ Bataillon.... »

P. 35, ligne 25 : « ... dans un sac à terre.... »

P. 46, dernière ligne : « Immensément variable.... »

P. 49, ligne 25 : « ... nous arracherait.... »

P. 56, ligne 3 : « ... de tous grades.... »

P. 60, ligne 9. Après « notre Armée ! », renvoi :

Nous n'avons pas la prétention d'avoir, dans les pages ci-dessus, *étudié* le problème complexe et décisif de l'Instruction dans l'Infanterie. Nous avons seulement voulu *poser* ce problème — *et quelques autres* — ou, mieux encore et plus simplement, *en parler* !

En particulier, nous avons volontairement mutilé les « documents » de juillet et août 1917 placés en tête de notre travail. Leur reproduction intégrale eût précisé d'une manière beaucoup plus complète notre pensée !....

Le 16 avril 1917, sur le front de l'Aisne, on a jeté dans la fournaise, *en beaucoup trop d'endroits*, les « soldats » dont il est question aux pages 8 et 58 de ce livre, qui « savent tout juste par quel bout l'on charge un fusil, manquent à cent mètres une cible immense et se tuent entre eux aux tirs de grenades .... » !

. A la fin de 1917 et, plus encore, en 1918, cela allait beaucoup mieux; mais on était encore infiniment loin de compte ! L'inévitable « Guerre prochaine » sera obligatoirement *gagnée par des Hommes*, par des SOLDATS, supérieurement instruits et entraînés *en vue de la guerre* et dont le moral sera exalté par l'instruction !

R. COURAL

Dernière Guerre
Guerre Prochaine

C'était une belle compagnie...

N'importe quand, n'importe ou — dans des conditions invraisemblables, il suffisait d'un geste : elle partait a l'attaque sans un regard en arrière, à fond !

De splendides chefs de section, de merveilleux soldats.

C'est de cette matière qu'est faite la France ! ..

L'utilisation meilleure de cette incomparable richesse est le secret de la Victoire de demain.

MACON
IMPRIMERIE J. BUGUET-COMPTOUR
4, RUE SAINT-NIZIER ET 1, RUE SENECÉ
1920

A LA MÉMOIRE

DES OFFICIERS, SOUS-OFFICIERS ET SOLDATS

DE LA 2ᵉ COMPAGNIE

Tombés au Champ d'Honneur

DES OFFICIERS, SOUS-OFFICIERS ET SOLDATS

DU 1ᵉʳ BATAILLON

Tombés le 18 Juillet 1918.

A LA MÉMOIRE DU CAPITAINE DOLLFUS

Chef par excellence.

Travailleur acharné.

D'un courage et d'une audace légendaires.

Adoré de ses hommes.

Tué à l'ennemi le 4 juillet 1916.

A LA MÉMOIRE DU COMMANDANT ABADIE

Tombé en pleine gloire le 31 mai 1918, en sauvant Reims

A LA MÉMOIRE DU COLONEL DRIANT

« Qui fut l'incarnation de la Vigilance ».

Le 18 Juillet 1918, à neuf heures, une compagnie, à l'initiative exclusive de son chef et sans aucune « préparation » surmenée d'ailleurs, déjà, par les marches et les combats des jours précédents, une compagnie littéralement épuisée de sommeil et de fatigue, sortait brusquement de la ligne française et se portait à l'attaque. Elle se battait avec acharnement pendant onze heures, sans aucun appui de l'artillerie. Elle enlevait une importante position, âprement défendue par des mitrailleuses et du canon : un éperon élevé, sur un front de près de mille mètres et une profondeur de cinq cents. Elle tuait ou blessait un grand nombre de Boches, en capturait dix-huit et prenait douze mitrailleuses.

De tels faits d'armes ne se produisent pas spontanément, par l'effet du hasard et, moins encore, par le seul effet de la bravoure du chef et des soldats.

Ils peuvent se produire spontanément, mais ils sont préparés de longue main.

Pour la prochaine guerre il faut, pour une rapide et sûre victoire (de l'intervention « américaine » (?), très peu pour nous!) il faut pour la Patrie que soit anéantie, cette conception juste peut-être à d'autres âges, mais éminemment fausse et dangereuse aujourd'hui de l'Officier rigoureux, bouillant et plein d'ardeur, méprisant la mort, ne rêvant que coups et blessures qui, à l'heure H — ou au moment décisif — s'élance dans un geste frénétique et, poussant un formidable « En avant! », « électrise » ses hommes qui bondissent, farouches, sur l'ennemi envahisseur, lui transpercent le cœur et lui font mordre la poussière...

La réalité est tout autre!

Le combat du 18 juillet 1918, résumé ci-dessus, fut le résultat prévu, voulu et ardemment recherché d'une longue et tenace préparation.

On en trouvera plus loin la genèse et le récit scrupuleusement exact, entrecoupé de quelques indispensables et très brèves critiques.

I

(*) Une des causes importantes de la plupart des échecs de nos offensives jusqu'à ce jour est l'ignorance technique profonde de notre Infanterie. Cette ignorance domine toute la guerre. Elle était considérable, au début des hostilités. Elle s'est accrue, depuis qu'on a doté l'Infanterie d'engins de combat nouveaux, nombreux, qui ont fait d'elle une arme complexe par excellence. Elle s'accentue tous les jours. NOUS FRANÇAIS, nous ne vaincrons pas le Boche, si nous n'avons pas d'Infanterie, quelle que soit, d'ailleurs, la puissance de notre matériel de guerre. Le matériel n'est rien s'il n'y a pas, pour le servir, *l'Homme.*

Dans la bataille actuelle, le canon est au service du Fantassin. Il lui prépare le passage. Il tire au-devant de lui pendant qu'il avance, pour lui faciliter l'ouvrage et pour diminuer ses pertes. *Mais pour avancer,* ENCORE FAUT-IL AVOIR DE L'INFANTERIE !

(*) Les lignes qui suivent sont des fragments d'un document que nous avons rédigé *en juillet 1917* et remis le même mois à l'une des plus hautes personnalités de la Guerre.

L'Infanterie est pourvue d'armes formidables : fusil, grenades de toutes sortes, fusil-mitrailleur..... Si elle connaît à fond l'emploi de ces armes, si de plus, elle possède « *dans le sang* » certains éléments indispensables de manœuvre, elle devient elle-même une arme formidable, invincible. **Sinon elle n'est et ne peut être qu'un instrument de défaite, simple et lamentable chair à canon !**

.˙.

. . . .
. . . . Nous avons eu l'immense douleur de voir, au matin de ce grand jour, ... le choc des deux infanteries. La nôtre, qui attaquait, décimée déjà, il est vrai, par les mitrailleuses, héroïque mais lourde; tirant mal (ou même *ne tirant pas!)* incapable de manœuvrer. L'autre, en face, très peu nombreuse; mais légère, alerte, manœuvrant et tirant avec précision, avec gaieté. Nous avons vu nos vagues anéanties, incapables de tenir le choc, refluer, réduites presque à rien, dans les tranchées de départ !

Nous avons étudié par la suite longuement, en détails, l'état de l'instruction et de l'entraînement des troupes qui avaient donné l'attaque.

Le résultat de cette étude est tellement navrant qu'il ne peut être écrit!...

. . . .
. . . .

La leçon........ si sanglante, a-t-elle, du moins, servi........ Y a-t-il eu, depuis cette bataille, dans l'instruction et l'entraînement du fantassin, quelque chose de changé?. . . . .
. . . .
. . . .
. . . .

Avec quels hommes espère-t-on donc obtenir la victoire?

Croit-on qu'il suffise d'habiller un homme en bleu horizon, de lui fournir un casque, un fusil, pour obtenir un soldat capable de combattre et de vaincre?

Ne sait-on pas que jeter ce soldat dans la bataille, c'est l'envoyer en pure perte ET AVEC CERTITUDE au massacre, à la défaite?

N'est-on donc pas pressé, de terminer par la victoire, cette affreuse guerre? Est-on très satisfait de la solution peu glorieuse (ET D'AILLEURS PEUT-ÊTRE ILLUSOIRE) qui consiste à attendre, pour vaincre le Boche, d'être à dix soldats nourris contre un soldat affamé?

.·.

. . . . Des canons, des munitions! Oui, certes! Tant qu'on voudra, tant qu'on pourra, et davantage encore! Mais ne négligeons pas le matériel humain! C'est lui le plus précieux, le plus important! C'est par lui qu'on vaincra! Or nous pouvons, sans bourse délier, sans perte, et même *avec économie* de temps — avec, simplement, de nouvelles conceptions, une nouvelle organisation très simple, de nouvelles méthodes, en quadrupler, en décupler la valeur! Ayons des hommes instruits; ayons des fantassins manœuvrant avec précision, avec intelligence; ayant — par conséquent — étudié à fond la manœuvre, une manœuvre rationnelle, fonction du combat, *maniant leurs armes « avec virtuosité »*, ayant été rompus, en vue du combat, à l'exécution des feux de toutes sortes que notre infanterie, actuellement, peut fournir.

Ayons, en un mot, de l'Infanterie, de la vraie; une Infanterie exercée et instruite, capable, par suite, de combattre! Alors seulement nous aurons la victoire. Car, lorsqu'ils seront instruits, rien ne pourra arrêter l'élan de nos héroïques et incomparables soldats!

. . . .

. . . .

(Juillet 1917).

II

. . . .

(*) Nous Français. nous ne vaincrons pas le Boche, si nous n'avons pas d'INFANTERIE, quelle que soit, d'ailleurs, la puissance de notre matériel de guerre.

Il faut évidemment, sous-entendre que par contre, *pourvu que nous ayions de l'Infanterie*, NOUS FRANÇAIS, *nous vaincrons le Boche, avec le matériel dont, actuellement, nous disposons.*

A la possibilité d'une victoire militaire complète ET FRANÇAISE, *c'est-à-dire, dans laquelle l'effort de notre armée, à partir de ce jour, jouerait, et de très loin, le rôle décisif, nous croyons, en effet, de toute notre âme.*

Peut-être, en cela, sommes-nous un naïf, un rêveur. Tout arrive!...

En tous cas, c'est *à l'action, dans les tranchées, particulièrement aux jours d'attaque et sous la mitraille*

(') Les lignes qui suivent sont extraites d'un document que nous avons rédigé en août 1917, et qui est la suite immédiate et un premier développement du précédent.

boche que notre rêve petit à petit a pris naissance et a grandi !

.·.

. . . .
Voici quelques renseignements sur les troupes opposées. . . . .

Du côté français. . . . . des troupes dites « de choc ». . . . . En fait, c'étaient de bonnes troupes, la moyenne — croyons-nous — de notre Infanterie. Du côté boche, c'étaient non des troupes moyennes, mais des troupes d'élite, *entraînées*, exaltées, des « *stosstruppen* » (*). Le choc fut ce que nous avons dit : bref, violent, brutal; (nous y reviendrons). Il se termina par notre défaite.

La moyenne de l'Infanterie française n'est peut-être pas inférieure à la moyenne de l'Infanterie allemande (alors que *l'étoffe* du soldat français est infiniment supérieure à celle du soldat allemand!) Mais, en ce moment-ci, il est indéniable qu'un trop grand nombre de nos régiments sont absolument hors d'état de lutter, (toutes artilleries à part), contre les « *stosstruppen* ». C'est triste, c'est profondément navrant; il y a même là de quoi pleurer de rage; mais c'est ainsi! C'est tout ce que nous avons voulu dire. . . . . .

Y a-t-il un doute? Lisez ce simple extrait d'une note officielle :

(*) **Troupes de choc.**

« 1° Un détachement spécial de gens résolus est arrivé
« sur le P. C. (*) d'un chef de bataillon....................
« et a réussi à l'enlever [?]

   « Même fait s'est produit.....................

   « 2° Deux compagnies...................... ont été
« débordées sur leur gauche................................
« et enlevées [??]..............

   « Même fait s'est produit.............. »

Voyez-vous ces fantassins boches qui, en nombre
relativement réduit, refoulent dans les tranchées de
départ nos vagues d'assaut, LANCÉES CEPENDANT POUR
UNE ATTAQUE A FOND, vont *cueillir* (?) dans l'intérieur
de nos lignes des P. C. fort importants; ou, enfin,
enlèvent des compagnies entières par deux à la fois?
La lutte est-elle égale? Ces fantassins qui, sur le terre-
plein, *d'homme à homme,* s'affrontent, sont-ils com-
parables? Qui oserait le prétendre?

Et puisque l'étoffe de nos soldats est infiniment
meilleure que celle du soldat allemand, d'où donc
provient cette différence écrasante qui se manifeste
entre eux, au combat? Nous entrons ici dans le vif
du sujet.

.·.

. . . .
. . . .

Quelle figure voulez-vous que fassent au combat

(*) Poste de commandement.

des hommes qui, lançant initialement les grenades à moins de quinze mètres, en tirent pour développer leur instruction... une par mois? Il n'est pas besoin d'être très savant pour répondre.

Ces hommes resteront tout aussi lamentablement insuffisants que par le passé. Inévitablement et au premier choc, ils se feront massacrer — en pure perte, bien entendu!

Si nous n'étions pas en guerre, si un aussi inconcevable état de choses ne se traduisait, en définitive, par un inutile et immense surcroît d'estropiés, d'orphelins, et de veuves, il y aurait là, certainement, une situation d'un comique achevé!

On n'est pas grenadier en naissant. On n'est pas fusilier-mitrailleur en naissant. On n'est pas tireur habile, pas plus que bon terrassier, en naissant! LE MÉTIER DE SOLDAT EST LE PLUS DIFFICILE ET LE PLUS RUDE QUI SOIT. Il y faut un apprentissage appliqué, passionné. Faute de cet apprentissage, vous aurez non pas des soldats, mais des éléments d'une troupe quelconque incapable de fournir des efforts individuels et les efforts coordonnés qui forcent la Victoire!

. . . .

. . . .

...... Nos hommes ne sont pas instruits........ Tel est le fait brutal; telle est la situation lamentable à laquelle nous sommes obligés, si nous voulons vaincre, de porter remède énergiquement et sans délai!

(Août 1917).

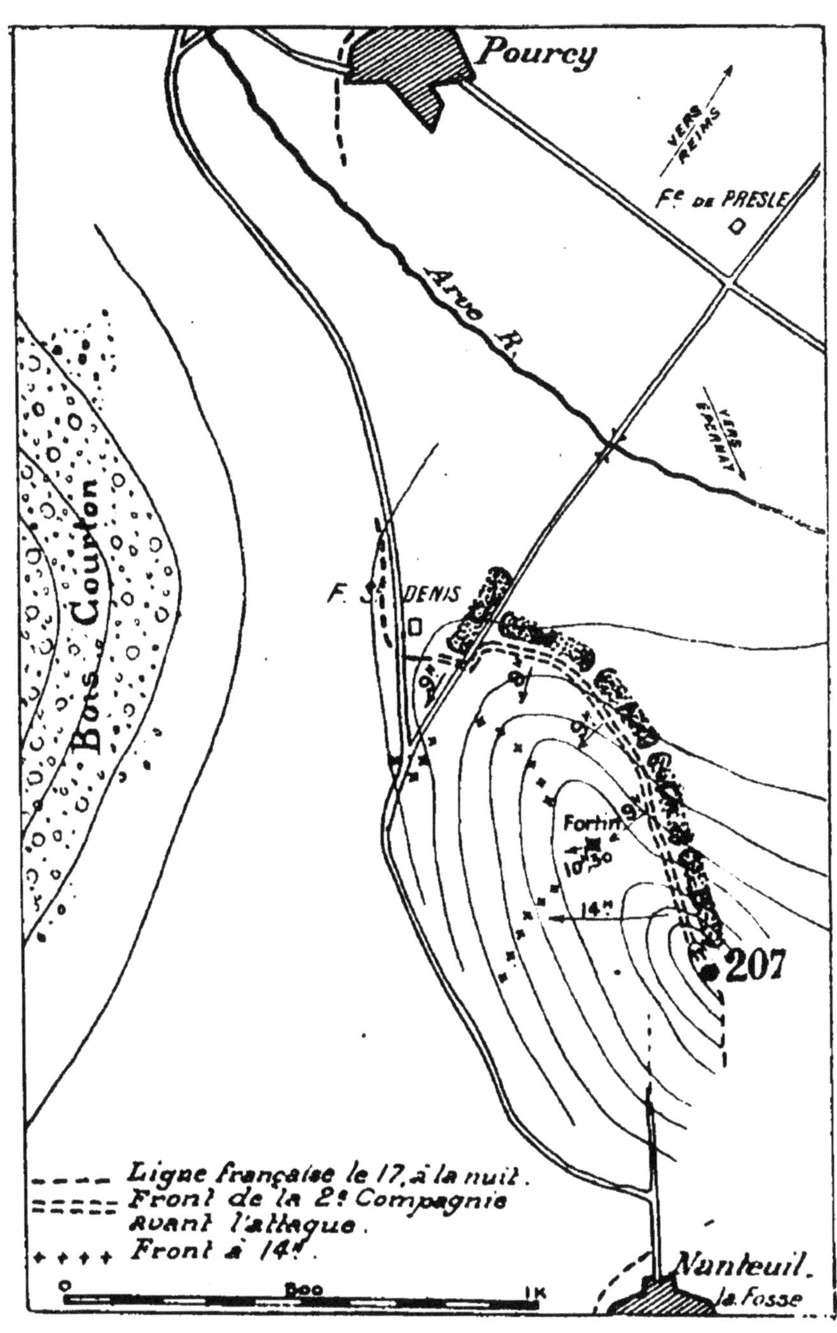

Pourcy
VERS REIMS
F^e DE PRESLE
Arvo R.
VERS EPERNAY
Bois Courton
F. St DENIS
Fortin
10h30
9h
14h
207
Ligne française le 17, à la nuit.
Front de la 2e Compagnie avant l'attaque.
Front à 14h.
0   800   1K
Nanteuil la Fosse

III

Attaque de l'Eperon de la côte 207

entre Nanteuil-la-Fosse et Pourcy

(Marne)

le 18 Juillet 1918

Par la 2ᵉ Compagnie du 22ᵉ Colonial

ETUDE ET RECIT (*)

Par ordre nº 392 de la ... Armée, j'ai été cité à l'ordre du jour dans les termes suivants :

« Officier etc., etc... (**). Le 17 et le 18 juillet, *chargé*

(*) Tout ce chapitre est la reproduction à peu près intégrale d'une « Etude et compte rendu » que nous avons remise à nos chefs en février 1919. Seuls les passages entre | | ont été ajoutés plus tard.

(**) Ici se placent diverses appréciations, évidemment très flatteuses, mais auxquelles nous ne tenons pas. Il est question de courage, bravoure, etc. Ces « qualités » intervinrent assez peu, en somme, dans le combat du 18 juillet. Elles furent « la cinquième roue du carrosse »; et c'est pourquoi le motif de citation y insiste......

« d'enlever une position ennemie énergiquement défendue,
« s'est mis en tête de ses hommes, les a électrisés par son
« audace, faisant passer dans leur âme son ardeur et sa
« confiance. A conquis de haute lutte la position, faisant
« dix-huit prisonniers et prenant douze mitrailleuses, dont
« une lourde. »

Ce motif ne mentionne aucune des conditions véritablement exceptionnelles dans lesquelles l'attaque fût livrée. En outre, il attribue la part que j'ai pu prendre dans le succès à des qualités de bravoure personnelle, d' « entraîneur d'hommes » au combat. Rien ne me paraît plus injuste à mon égard, comme à l'égard du personnel que j'avais sous mes ordres.

Le 18 juillet, la 2ᵉ compagnie, était exténuée, à bout de forces. J'ai néanmoins ET LIBREMENT décidé, *vers huit heures cinquante*, d'attaquer à fond.. L'attaque fut lancée *dix minutes après, sans préparation* d'aucune sorte, surprenant notre personnel, davantage peut-être que l'ennemi; une partie des hommes passant directement du sommeil à l'assaut. Elle dura près de onze heures. *Nous n'eûmes pas le plus infime appui de notre artillerie.*

Le Boche au contraire, plus nombreux que nous, extrêmement tenace, protégé déjà par de nombreuses mitrailleuses (du Bois Courton), fut défendu constamment par une artillerie très active qui, sans l'ex-

trême discipline qui régnait dans notre unité, nous eût causé des pertes considérables et peut être arrêtés.

Si, en dépit de toutes ces conditions défavorables, le succès me parut possible et, effectivement, fut complet, c'est parce que en juillet 1918, la 2e compagnie était une unité de choix, capable d'entreprendre n'importe quelle attaque, de soutenir glorieusement n'importe quelle défense. NOUS NE CRAIGNIONS PAS L'INFANTERIE ALLEMANDE; NOUS NE CRAIGNIONS PAS LES « STOSS TRUPPEN »; NOUS LES MÉPRISIONS; NOUS ÉTIONS SURS DE LES VAINCRE EN TOUTE RENCONTRE; NOUS SOUHAITIONS ARDEMMENT CETTE RENCONTRE.

Pourquoi cette conviction, ce désir d'en découdre ?

En juillet 1917, *quelque part,* j'avais écrit :
« Quand ils seront instruits, rien ne pourra arrêter l'élan de nos héroïques et incomparables soldats ». J'ai INSTRUIT ma compagnie. Par un travail original *et librement fourni,* tenace, continu, acharné, je l'ai façonnée, rompue à l'étude pratique du combat, tout particulièrement du genre de combat que je lui ai demandé le 18 juillet. J'en ai fait un instrument d'attaque, non point, certes, tel que je l'eusse souhaité; mais extrêmement redoutable et que je connaissais à fond. TOUS MES CHEFS LE SAVAIENT : La raison du succès du 18 juillet est là, entière !

Si je n'avais pas eu entre les mains, au matin de

ce grand jour, un aussi excellent outil de combat, jamais je n'aurais oser lancer l'attaque; c'eût été de ma part un acte déplorable de commandement !

Il y eut trois attaques principales : neuf heures, dix heures trente et treize heures; à quatorze heures, nous avions la crête, six prisonniers, six mitrailleuses; nous avions rompu la ligne adverse, que nous commencions, par la droite, à prendre à revers. La partie était gagnée. J'ai lancé ces trois attaques. De huit heures quarante à quatorze heures, j'ai assuré personnellement en première ligne la vraie liaison entre mes sections et avec les éléments à ma droite et à ma gauche. De dix-huit à vingt heures, moment où les dernières résistances étaient enlevées, je restai à nouveau sur la ligne de feu. Il est assez probable que j'ai pu faire preuve ce jour-là des « qualités » dont le motif de citation résumé ci-dessus veut bien faire mention. J'ai payé, certes de ma personne; j'ai exposé ma vie davantage peut-être, que mes hommes; car je me suis multiplié! Mais, tout d'abord, c'étaient là pour moi de simples et stricts devoirs : ayant pris la *responsabilité de* l'attaque, je me devais de la faire réussir par tous les moyens; et ma responsabilité de la vie de mes hommes se trouvait décuplée. Ensuite, si ma conduite personnelle durant l'attaque a pu jouer un rôle dans le succès, il est hors de doute que le rôle décisif, à partir du déclanchement, a été joué par mes chefs de section, par mes soldats.

Ils comprirent admirablement ce que je leur demandai. Ils furent merveilleux de dévouement, d'élan, et de bravoure. Leurs actions d'éclat abondent. En plein jour et en terrain découvert, isolément ou en troupe, ils ont attaqué à diverses reprises des mitrailleuses en pleine action. Ils n'avaient de leçon de courage à recevoir de personne; et en tout cas, s'ils en avaient eu, ce ne sont pas les assassins ni les brutes d'en face, malgré tout le fil à retordre qu'ils nous donnèrent ce jour-là, qui eussent pu leur en donner.

Mon rôle, avant tout, essentiellement, FUT DE JUGER QUE JE POUVAIS ENGAGER L'AFFAIRE et d'en prendre L'INITIATIVE, certain d'être, par la suite, approuvé par mes chefs. C'est là, (sauf erreur sur le sens des mots) non point un acte de « bravoure », une « action d'éclat », mais une preuve de coup d'œil (ce jour-là) et un acte de commandement (dans le cadre où je me trouvais). (*)

Une troupe non instruite, une troupe dont le chef

---

ne connaît pas le degré exact d'instruction est une troupe NON COMMANDÉE et destinée au massacre. Une troupe parfaitement instruite est sûre de vaincre et d'avoir un minimum de pertes. L'instruction et l'entraînement à outrance. la pratique on ne peut plus intensive des tirs, furent la règle à la 2ᵉ compagnie !

Il est probable que je dus faire preuve, dans cette voie, d'une certaine originalité ou d'une certaine énergie.... En janvier 1918, à Bury (Marne), à la suite d'une manœuvre de bataillon, le lieutenant Dupouy (trois ans de front) me dit : « Ta compagnie tranche parmi les autres. Je crois que tu es en train de faire du bon travail. *Cela me donne envie de quitter les mitrailleuses* ». Le commandant Abadie me fit une remarque presque identique. Il ajouta : « S'il y a quelque chose à faire * au bataillon, c'est vous qui en serez chargé ». Je remerciai vivement le commandant Abadie de cette marque de confiance.

Ces deux officiers sont tombés au Champ d'Honneur; mais je serais un gredin. si j'altérais en quoi que ce soit le sens ou les termes de leurs paroles...

Pour les tirs. je m'affranchis totalement des méthodes habituellement suivies. Nous avons tiré, de décembre 1917 à juillet 1918. un nombre effrayant de cartouches : près de deux cent cinquante mille; c'est à dire davantage qu'en un an et dans des conditions identiques un régiment entier, avec ses neuf compa-

---

(*) Allusion à l'éventualité de coups de mains.

gnies d'infanterie et ses trois compagnies de mitrailleuses. Les hommes étaient enragés !......

Nous tirions toujours à proximité immédiate des
cantonnements. A Maizy (Aisne), à deux cents mètres
des maisons; à Montigny-les-Condé, à cinq cents mètres; à Bury, à Ludes, à Ville-en-Selve (Marne) à cent
mètres; à Verzenay nous avons tiré *à l'intérieur du
village;* à Villers-aux-Nœuds à dix mètres de nos
abris. Jamais je n'ai eu un accident. Mes hommes
tiraient souvent, dans la même journée deux ou trois
fois ou davantage encore. Ils étaient d'une adresse et
d'un entrain incomparables.

[A Verzenay, nous avons tiré à l'intérieur du village; et
d'ailleurs, en cinq ou six endroits. Nous étions mis à la
porte de partout, par les habitants, à cause du tapage in-
fernal que nous faisions sous leurs fenêtres. Nous eûmes
une plainte... au « major du cantonnement » par des militaires étrangers à notre arme qui craignaient de recevoir
des ricochets dans la figure. Finalement, il fallut évacuer;
nous trouvâmes un excellent champ de tir à trois cents
mètres du village, parfaitement défilé aux vues de l'ennemi.

Des « champs de tir », ces « champs de tir » tellement
introuvables que des troupes allaient les chercher jusqu'à
dix kilomètres de leurs cantonnement, il en pleuvait, pour
nous, à la 2ᵉ compagnie! Nous ignorions systématiquement
les « champs de tir » officiels, les... « Consignes du Champ
de tir », les plantons, fanions, clairons et autres encom-
brements de tout acabit.....

A Bury, la 2ᵉ compagnie tirait sur deux meules de paille
qui devinrent légendaires au bataillon par l'aspect inénar-

rable qu'elles prirent au bout de quinze jours. Une après-midi. trente-quatre fusils 86 ou R. S. C. et huit fusils-mitrailleurs tiraient *simultanément* sur ces deux meules. Quel vacarme! On eût dit la fusillade qui éclate sur un front de Division aux jours de grands coups de mains, au moment de l'assaut.

Durant un bon quart d'heure, au début de ce tir, pas un seul officier ne fut présent! Ça marchait tout de même.....

Il y avait des nappes de balles dans tous les sens.....

Nous avons tiré sur buts mobiles; sur des vagues d'assaut — par demi-sections ou par sections. Ces vagues étaient formées de trente à quarante silhouettes en carton bien dessinées et passées en couleurs; le tir s'exécutait comme dans la réalité du combat : guetteurs, les hommes dans les abris: alerte, fusées et fumées de barrage. Après le tir, ramassage par les brancardiers des silhouettes touchées; un docteur se prononçait sur la gravité des blessures: blessure grave : deux points; blessure légère : un point, etc... (Villers-aux-Nœuds, juin 1918).

Du lever au coucher du soleil, dans ce même cantonnement de Villers-aux-Nœuds, on entendait à chaque instant partir des coups de feu. Des poilus, à n'importe quelle heure, émergeaient soudain à demi de leur entrée d'abri, épaulaient et exécutaient froidement « un carton ». Ils tiraient *d'eux-mêmes, sans aucune surveillance, spontanément, PAR PASSION DU TIR!*

Ah! Nous étions sûr que les Boches les « sentiraient passer », les fusils de la 2ᵉ compagnie, « au premier choc »!]

Pour les tirs à la grenade, dispositions entièrement

semblables. A partir de janvier 1918, nous avions supprimé définitivement les « terrains préparés ». Nous tirions toujours sans abris, en rase campagne, sur des terrains *simplement choisis*. Cette pratique donne à l'homme une confiance illimitée en lui-même et dans son engin. Aux tirs de grenades, pas plus qu'au tir au fusil, grâce aux précautions prises et à une discipline rigoureuse, JAMAIS JE N'AI EU ET JE NE POUVAIS AVOIR LE MOINDRE ACCIDENT.

Aux exercices de manœuvre, pour mieux intéresser les hommes, pour mieux leur apprendre le maniement de leurs armes et engins de combat, nous tirions la grenade défensive, et l'obus V. B. * ,éteints dans l'eau. Pour les habituer à agir, à progresser, dans le fracas et le danger des explosions, dans le bruit, des coups de feu, nous tirions très souvent ces mêmes engins non éteints, tels qu'on les emploie au combat, la grenade O. F. **, la cartouche 86 à blanc, que nous avions à discrétion en la fabriquant nous-mêmes, de façon sommaire.

Le 16 janvier, à Bury (Marne) je fis la manœuvre suivante, couronnement d'une importante période d'instruction. Attaque par la compagnie d'une « Première position », formée de quatre tranchées et d'une « Position intermédiaire », formée de deux tranchées. Les tranchées ennemies, les nids de mitrailleuses

---

(*) Grenade à fusil.
(**) Grenade offensive fusante.

étaient représentés d'une façon très apparente. La manœuvre commença, (comme d'habitude) à cent mètres du village. Elle dura trois heures, avec tir réel de tous les engins, effectué exactement comme dans la réalité du combat C'EST A DIRE A BALLE ET EN VISANT LES OBJECTIFS. NOUS TIRIONS A BALLE EN DIRECTION DES VILLAGES SURPEUPLÉS DE OIRY ET DE PLIVOT!

Pour cette manœuvre, en apparence d'une audace incroyable, j'avais pris toutes les précautions voulues; je l'avais étudiée minutieusement pendant près de quinze jours. Je n'eus pas le moindre accident... ni la moindre réclamation ! Elle souleva les hommes d'enthousiasme. Je n'osai en parler à mon Chef, le Commandant Abadie, qu'au bout de deux mois.

[L'heure habituelle du repas était passée depuis une grande heure, lorsque notre manœuvre se termina. Personne n'y avait pris garde. Il nous restait encore une soixantaine de grenades non employées. Les hommes me supplièrent de les autoriser à les tirer. Et il fallut bien accéder à ce désir. Ce fut pendant deux minutes un fracas étourdissant.

J'aurais pu prolonger la séance jusqu'à midi et même beaucoup plus tard encore. Il n'y aurait pas eu une seule plainte, bien au contraire.....

Le soldat AIME le véritable exercice de guerre. Il en exècre le mauvais simulacre, la caricature.

Les vrais exercices de guerre, en outre de leur effet essentiel qui est d'enseigner au soldat la guerre, SONT LE MEILLEUR FORTIFIANT DE LA DISCIPLINE. L'absence de ces exercices, leur caricature grotesque et saugrenue — qui font du soldat une loque inerte, proie des balles et des canons ennemis — sont LE PLUS RAPIDE, le plus sûr DISSOLVANT DE LA DISCIPLINE.]

Pour de très nombreuses raisons, j'ai toujours cru que cette manœuvre du 16 janvier 1918 a été la véritable origine de l'attaque du 18 juillet.

JOURNÉE DU 17 JUILLET ET NUIT DU 17 AU 18

Le 15 juillet, les lignes françaises sont rompues. Le 15 et le 16 reculs et replis successifs. Le Boche avance en direction d'Epernay et cherche à encercler Reims. Le 16 au soir, les obus de 77 tombent déjà, à extrême portée, sur la route nationale de Reims à Epernay.

Le bataillon, engagé d'urgence dans la nuit du 16 au 17, avait pris position le 17, à partir de zéro heure, en face et un peu en retrait d'un vide qui s'était produit dans la ligne française, (incident fréquent dans la guerre de mouvement).

Le 17, à partir de onze heures la 2ᵉ compagnie,

en des mouvements difficiles. pénibles, *mais sans pertes*, s'était déployée sur les pentes est de l'éperon de la cote 207. Elle est dispersée. à la tombée de la nuit. sur une ligne à peu près continue et sinueuse allant depuis la cote 207 jusqu'aux abords de la ferme St. Denis. Elle est renforcée par une section et demie de la 1re compagnie. et par deux sections de la 1re compagnie de mitrailleuses. Presque tout le personnel est en ligne. Pour unique « soutien », pour tout ce grand front (neuf cents mètres) le groupe de « liaison » du capitaine : huit fusils. (Situation de fin de combat.

Le Boche tient la crête. Derrière nous, à mille mètres. en réserve. les deux autres compagnies du bataillon et deux sections de mitrailleuses. A notre droite, à notre gauche. des éléments des 38e et 44e régiments.

A partir de seize heures. nous avons reçu des tirs prolongés du 75 *sur notre propre ligne;* en riposte (!) à ces tirs. un vif harcèlement de 77 et de 105; puis, vers dix-huit heures. un tir de préparation, — avec du 150 — sur notre droite. Nos pertes sont sévères. Le chef de la première section est tué. Les hommes sont surmenés depuis plusieurs jours; nos liaisons très mauvaises: l'ennemi agressif.

Vers dix-neuf heures, nous repoussons une petite attaque sur notre droite. Mais le 75 nous prend toujours durement à partie: à vingt heures, nous recevons encore des rafales!

J'avais l'ordre du commandant Lesquer, d'attaquer

l'éperon de la cote 207 « *obligatoirement* avant la nuit du 17 au 18 ».

Je rends compte qu'en raison des tirs du 75, une attaque me paraît impossible et qu'il ne faut songer à aucune action de notre part le 17.

Le commandant Lesquer me répond à vingt-et-une heures trente : « En ce qui concerne la réoccupation de la croupe, cote 207. ferme Saint-Denis, *contentez-vous pour le moment de tenir sur place.* »

La suivante et dernière note du commandant Lesquer, le 17, est de vingt-deux heures quinze. Elle m'annonce seulement des patrouilles ordonnées par le régiment à notre gauche; elle ne dit rien sur la mission de la 2ᵉ compagnie qui reste, *par conséquent. purement défensive.* Je n'ai lu, d'ailleurs, ces deux notes que le lendemain 18 juillet, vers sept heures...

Dès vingt heures trente, en effet, j'étais monté en ligne pour me rendre compte de la force de l'ennemi et rectifier le tracé de mon front en le portant partout en contact. (*Dispositions offensives.*) J'avais avec moi le lieutenant Auriol; l'adjudant-chef Camilli, et deux agents de liaison.

Nous parcourons toute notre ligne et le terre-plein en avant. L'ennemi est nombreux et travaille, surtout vers le centre. Nous reconnaissons une patrouille du 38ᵉ régiment d'infanterie. La pluie, bientôt tombe diluvienne et, sous l'orage, la nuit devient d'un noir d'encre : *On ne distingue absolument rien à deux pas devant soi.* Vers vingt-trois heures deux rafales de 75 s'abattent au delà de la crête. C'est le tir que j'avais demandé dans l'après-midi, par lequel l'artillerie nous signale qu'elle connaît *enfin* notre front. Je dis au lieutenant Auriol : « La liaison est faite; *demain nous pourrons travailler.* »

Nous continuons notre marche et bientôt nous nous dirigeons vers nos lignes pour rentrer. Tout à coup, à moins de cent mètres en avant de nous, deux fusées boches sont tirées. Nous nous jetons à plat ventre : nous étions en plein chez l'ennemi! Grâce à l'obscurité complète et à notre ignorance du terrain, nous étions passés, sans nous en douter, entre ses petits postes, sans lui donner l'éveil. Je ne raconterai pas ce qui s'est passé à partir de ce moment; ce serait trop long et hors de mon sujet. Je dirai seulement ceci : du 17 juillet, vingt-trois heures trente, au 18 juillet, deux heures, heure à laquelle nous avons été sûrs enfin d'être rentrés dans nos lignes, j'ai vécu probablement les heures de beaucoup les plus intenses et les plus tragiques de ma vie. LEUR SEUL SOUVENIR RESTERA TOUJOURS POUR MOI INFINIMENT DOULOUREUX!

En rentrant à mon P. C., un informe trou dont on avait épuisé l'eau, nous étions trempés de la tête aux pieds et harassés de fatigue. La nuit était noir d'encre. Rien à manger, aucune espèce d'abri. Nous pataugions dans la boue. J'ai grelotté de froid et n'ai pu fermer les yeux jusqu'au petit jour. Quant à la compagnie, elle avait travaillé activement une grande partie de la nuit sous l'orage, et, quand le jour est venu, elle ne valait certainement guère mieux que moi-même.

Mais notre patrouille dont une partie — très instructive — fut involontaire, nous avait, tout au moins, fourni de précieux renseignements :

1° L'ennemi était nombreux et s'était organisé; mais sa ligne, tout comme la nôtre, se composait de petits postes isolés, répartis d'une manière très irrégulière sur le terrain; donc, elle était vulnérable, POUR UNE TROUPE SPÉCIALEMENT ENTRAÎNÉE.

2° Notre artillerie connaissait enfin notre situation. Je pouvais d'ailleurs présumer qu'en cas d'attaque de notre part, au souvenir des tirs courts effectués la veille, elle ne tirerait pas un seul coup de canon devant nous, *sauf à grande distance :* nous avions le champ libre, au point de vue de nos liaisons avec cette arme.

C'est dans ces conditions que nous sommes entrés dans la glorieuse journée du 18 juillet...

JOURNÉE DU 18 JUILLET
L'ordre d'attaque et l'attaque de neuf heures.

Vers huit heures, le Colonel commandant le 38e régiment, passant près de mon P. C., m'apprend qu'une grosse attaque française sera déclenchée à neuf heures à notre gauche. Il me demande d'appuyer éventuellement cette attaque par le feu. *Je réponds que la 2ᵉ compagnie attaquera très probablement à la même heure.* Le Colonel, sans m'interdire d'attaquer, cherche à m'en dissuader; il me recommande ensuite une extrême prudence, en tout cas, et une extrême modération; j'ai surtout une mission de « liaison » : « N'allez pas trop loin! » Cette prescription est d'ailleurs le bon sens et la sagesse mêmes. Nous avons à faire à forte partie; j'ai un grand front, un faible effectif et nous ne pouvons compter que sur nous!

J'appelle le lieutenant Auriol à mon P. C. Je l'informe de mon intention et nous partons pour la droite de notre front.

A ce moment précis, je reçois du commandant Lesquer, en communication, un ordre écrit du Colonel commandant le 38ᵉ R. I., daté de six heures quarante-cinq, précisant que l'attaque à notre gauche ne commencera (**) qu'à la lisière nord de Nanteuil (c'est-à-dire à huit cents mètres de ma gauche). Cet ordre, communiqué au commandant Lesquer, « à titre de renseignement », assigné à la « *garnison de la croupe 207* » une *mission strictement défensive.* Il ne prévoit même pas de la part de cette garnison un appui éventuel par le feu! En marge de cet ordre,

---

(**) Par de simples « démonstrations » d'ailleurs.

le commandant Lesquer a simplement écrit ces mots au crayon : « En communication au capitaine Coural, 18-7-18. »

Je pars en ligne sans avoir pu répondre au commandant Lesquer, je suis d'ailleurs encore un peu indécis; mais entièrement persuadé, en tous cas, que si j'attaque, le commandant Lesquer (à moins peutêtre, d'un trop gros échec) m'approuvera.

Au loin, à gauche, la canonnade gronde. Depuis huit heures, le Boche harcèle notre première ligne, particulièrement autour de la Ferme Saint-Denis (77-105). Ces tirs iront s'accentuant jusqu'à neuf heures. Je prends immédiatement mes dispositions en vue de l'attaque. Je place une section de mitrailleuses sur la route de Nanteuil à Pourcy. Je fais appeler le sous-lieutenant Duplat, de la première compagnie de mitrailleuses (tué le même jour) et l'adjudant-chef Camilli.

A ce moment, devant moi, l'artillerie boche envoie quelques rafales sur ses propres fantassins qui, à deux reprises, lancent des fusées « allongez le tir ». Je décide l'attaque. Il peut être huit heures cinquante.

Je donne mes instructions aux mitrailleurs. Ne tirer qu'à coup sûr, pas de méprises; mais tirer même sur les isolés; tirer à outrance. A la section de droite (section Camilli) progresser le plus loin possible sur la route de Nanteuil, sous la seule réserve de conserver les liaisons.

Je charge le lieutenant Auriol de porter l'ordre d'at-taque au sous-lieutenant Monthieu, qui est à gauche de Camilli, *de le faire transmettre sur toute la ligne et d'attaquer lui-même avec sa section,* qui est à gau-che de la section Monthieu.

Je prévois un démarrage difficile : *personne n'a pu être averti!* Le temps presse. Je prescris à l'adju-dant-chef Camilli de donner rapidement ses ordres et de se tenir prêt à m'aider à lancer, au besoin, la sec-tion Monthieu.....

Neuf heures. La fusillade et les rafales de V. B. éclatent brusquement sur la route de Nanteuil. C'est l'attaque de la section Camilli. Une minute après, à ma gauche, une demi-section environ de la section Monthieu, conduite par cet officier, s'enlève magni-fiquement à l'assaut. Les hommes, très déployés, ti-rent en marchant. Les V. B. éclatent sur la ligne en-nemie. Autour de moi les hommes se sont levés; plu-sieurs se frottent encore les yeux : ils dormaient il y a quelques minutes! L'adjudant-chef Camilli passe rapidement de l'un à l'autre. Je leur crie, de toutes mes forces (*) : « Allons, c'est l'attaque!... *Trissez-vous!* » Je répète plusieurs fois ce dernier vocable très connu et très populaire à la 2ᵉ compagnie. Le commandement : « En avant! » n'est même pas pro-noncé.....

Le tout n'a pas duré deux minutes. L'assaut est

(*) Pour être entendu du plus grand nombre ; car la chaîne était très longue et les hommes clairsemés.....

maintenant continu sur toutes les pentes dominant la route. Les Boches ont ouvert le feu, mais notre avance n'est pas ralentïe. Ils ne peuvent tenir le choc; ils détalent comme des lapins à ma gauche, c'est-à-dire devant la fraction du sous-lieutenant Monthieu qui est partie la première. Mais voici que les mitrailleuses du Bois Courton ouvrent sur nous un terrible feu de flanc. Cinq ou six hommes, en moins d'une demi-minute, sont atteints : le sergent Nicolas tombe à quelques mètres de moi. Il n'est plus possible d'avancer. L'assaut de la section est brisé; *mais sans arrêt, une âpre lutte s'engage d'une ligne à l'autre au fusil, au V. B., au fusil-mitrailleur; car le Boche s'est ressaisi.* C'EST ALORS QUE JE CONSTATE D'UNE MANIÈRE ÉVIDENTE LE RÉSULTAT DE L'ENTRAINEMENT INTENSIF QUE J'AI DONNÉ A MES HOMMES. CELA CRÈVE LES YEUX! EN MOINS DE DIX MINUTES LA LIGNE BOCHE EST RÉDUITE AU SILENCE. NOUS AVONS UNE SUPÉRIORITÉ ÉCRASANTE DU FEU. Tout objet qui apparaît chez l'ennemi est criblé de balles. Chez nous, au contraire, un minimum de circulation est encore possible; *tous les tireurs,* quoique difficilement, *pourront être ravitaillés en munitions* (**). De temps en temps, un Boche, j'en ai vu un (d'ailleurs blessé), se lève brusquement et, à toutes jambes, disparaît derrière la crête. La ligne ennemie, *entièrement dominée par notre feu et en raison de notre feu,* va s'affaiblir et se démoraliser d'heure en heure.

(**) Les hommes tiraient par moments *comme des sourds*.... mais tiraient juste . comme à Bury, comme à Verzenay, comme à Villers-aux-Nœuds, COMME PARTOUT...

(A neuf heures, quatre sections s'étaient portées à l'attaque. Seule, la section de gauche, qui se trouvait à huit cents mètres de moi lorsque, à huit heures cinquante, j'avais décidé l'attaque, n'avait pu recevoir aucun ordre et n'avait pas bougé.)

Résultat de ce premier choc : trois ou quatre Boches tués, des blessés; une partie de la ligne ennemie enlevée, avec une mitrailleuse. Enfin et surtout, nous sommes partout au contact étroit et nous avons marqué sur l'ennemi une *supériorité incontestable*. Nous avons, presque partout, la maîtrise écrasante du feu. Là où nous ne l'avons pas encore, nous n'allons pas tarder à la prendre!...

Enlèvement du centre de la ligne.

Vers dix heures trente, je suis aux côtés du lieutenant Chazal, de la 1re compagnie, à gauche du centre de notre front, dans un trou de trois à quatre mètres.

C'est un petit poste au sommet de la crête enlevé brillamment et personnellement par le sous-lieutenant Chazal. L'ennemi y a laissé un tué et une mitrailleuse. Nous avons avec nous six hommes, dont un fusilier-mitrailleur. En face, à trente mètres, se trouve un ensemble de carrières couvrant six à huit ares; nous ne pouvons ni les voir, ni en soupçonner l'existence; nous croyons être en présence de simples grands trous d'obus. Plus tard, les hommes baptiseront ce réduit du nom de « Fortin ». Son enlèvement va être pénible; il y a cinq mitrailleuses. Le Boche se défend durement à la mitrailleuse, au fusil. Une mitrailleuse ennemie, à trois cents mètres à notre droite, nous prend en tir direct, flanquant admirablement l'ouvrage. *Mais elle-même est prise durement à partie par le feu de notre ligne; et là encore nous allons cueillir les fruits de l'instruction de tir intensive qui a été donnée.*

Notre petit poste, composé d'éléments de la 1re compagnie, a tiré les quelques V. B. qu'il possédait. Un assaut est impossible. Nous sommes en trop petit nombre, fatigués et nous manquons de cartouches; nous n'avons que des communications très précaires avec le restant de la ligne; il est impossible, à présent, de faire repartir celle-ci en bloc; il nous faut des V. B., des grenades. Mais comment nous en procurer?

Sur le terre-plein, un des nôtres arrive en courant, portant, dans un sac de terre, des cartouches. La scène dure un éclair. Je jette *instinctivement* un coup d'œil vers le Fortin. Un Boche, coiffé du casque, a épaulé; le coup part. Notre camarade s'écroule au fond du

tron, atteint à la tempe; son sang coule à très gros
bouillons.

J'ordonne qu'il soit tiré un coup de feu de temps à
autre sur la mitrailleuse et de brèves et fréquentes
rafales sur le fortin. Celles-ci sont tout d'abord mal
exécutées. Je suis obligé de rudoyer le fusilier, (qui,
cependant, est d'une belle bravoure), et de lui montrer
(par l'exemple) comment il doit s'y prendre. Il est
inadmissible, tant que notre arme fonctionnera, que
nous permettions aux Boches, si près de nous, de
montrer seulement un bout de casque. Quant à la
mitrailleuse, nous ne pouvons, évidemment, que nous
en remettre à la valeur et à la vigilance des camarades à notre droite. MAIS, A CE SUJET, JE CROIS POU-
VOIR ÊTRE TRANQUILLE!

Un volontaire va chercher des grenades. Il faut
protéger sa sortie; coups de feu sur la mitrailleuse et
rafales sur le fortin. Il faudra, pareillement, protéger
son retour. Il rapporte treize V. B., douze grenades
C. F. et deux grenades O. F. Je tire les V. B. *l'arme
horizontale*. Ceux du petit poste, tirés verticalement,
avaient été complètement inefficaces. J'ai la chance
de loger deux coups dans le fortin.

Le soldat Cissé se propose pour lancer des grenades.
Il prend deux O. F. et s'élance sur le terre-plein, à
deux pas de nous. En deux secondes, une grenade
va partir; mais, de droite, arrive une grêle de balles.
Y a-t-il eu accident, ou la grenade a-t-elle été touchée?

L'éclatement se produit; la main droite est coupée au ras du poignet. Cissé revient sans hâte dans le petit poste et s'asseoit sans une plainte.....

Je redemande un volontaire, en interdisant que quiconque remonte sur le terre-plein. Mais les hommes sont complètement épuisés! Assez bon lanceur moi-même, j'ai le devoir d'exécuter le tir. J'enlève équipement, capote, vareuse; et, *cet effort accompli,* je dois prendre quelques minutes pour respirer!....

Mes premières grenades portent à moins de vingt mètres, alors que ma distance normale de lancement est de quarante. A la fin du tir, j'atteindrai péniblement trente mètres. Je suis à bout de forces! Heureusement, à partir de vingt mètres, le terrain descend vers l'ennemi. J'ai su, plus tard, que la moitié des coups, environ, avaient porté.

Le résultat est rapide : un mouchoir blanc apparaît au-dessus du Fortin. Les Boches vont se rendre. Mais ils ne peuvent se montrer: car le signal a attiré sur eux un redoublement du tir; et il est infiniment difficile de faire cesser le feu. Nous y parvenons néanmoins et crions aux Boches « Kommen sie! » (*) Lorsque, perdant toute prudence, un de nous s'élance sur le terre-plein, fait quelques pas vers eux et les appelle du geste. Il s'effondre aussitôt, atteint au ventre et à la poitrine; il a la force de regagner notre abri..... La terrible mitrailleuse venait de rouvrir le

---

(*) Venez!

feu ! La fusillade éclate, alors, nourrie, à droite. Un Boche se précipite vers nous ; deux autres le suivront dans un instant...

« Tuez-les, nous dit notre malheureux camarade, au moment de perdre connaissance ; ce sont des assassins ! » Il n'avait pas vu d'où étaient partis les coups qui l'avaient frappé.....

J'ai vu alors nos hommes, dans la joie du triomphe, donner à ces ennemis désarmés, au-dessus des corps mutilés et sanglants de leurs camarades, du pain, des cigarettes....

Les prisonniers déclarent qu'il reste dans l'ouvrage huit hommes dont deux blessés ; et qu'ils veulent se rendre. Quelques Boches avaient réussi, malgré notre feu, à se sauver. Avant le tir de grenades, j'en ai vu un sans coiffure ni vareuse, la poitrine rougie et bandée, s'élancer vivement derrière la crête.

L'affaire paraît en excellente voie ; je quitte l'héroïque sous-lieutenant Chazal. Bientôt, je pourrai enfin rendre compte au commandant Lesquer de notre attaque.

Attaque de treize heures.

Vers douze heures trente, j'arrive à la section de

gauche. L'ordre d'attaque de neuf heures ne l'a pas touchée. Je mets les hommes et les gradés au courant de la situation et prescris au sergent Bouisset d'attaquer dès qu'il sera prêt. Mission : gagner du terrain le plus possible, n'importe où, sous la seule réserve de conserver les liaisons. Un seul objectif est précisé : c'est un petit mouvement de terrain en avant et à droite de la section.

A treize heures, la section s'enlève rapidement, d'un seul bloc. Y a-t-il eu un signal, un ordre? Je n'en sais rien. J'observe d'un point élevé, très peu en arrière de la ligne de départ. Le Boche a riposté par une fusillade irrégulière mais très nourrie; puis par un terrible barrage de 77, 105 et 150, qui durera près de cinquante minutes. Mais le barrage est un peu long par rapport à l'attaque et les hommes ont l'air de ne prêter aucune espèce d'attention aux mitrailleuses qui, cependant, font des ravages!

C'est une série ininterrompue de mouvements en avant d'isolés, de petits groupes. Le spectacle est magnifique, mais, par contre, extrêmement angoissant. Au bout de quelques minutes, la fusillade paraît enfin se ralentir; et notre ligne dont la gauche m'est à présent cachée par le terrain, semble, à travers la fumée du barrage, immobilisée.

Voici la note que j'enverrai au sergent Bouisset, à quatorze heures vingt-cinq : « Très bien, pour votre progression, mais un peu trop vite... Vous étiez trop

aux prises, en terrain découvert, avec des mitrailleuses en tir direct..... »

Cette attaque nous a coûté un tué et dix blessés; elle
nous donne une étendue de terrain considérable. Elle
faillit nous procurer la capture d'une dizaine de Boches, capture qui fut empêchée par l'intervention,
dévouée, certes, mais extrêmement malheureuse et on
ne peut plus inopportune (par le feu) d'éléments du
44e R. I. à notre gauche (*).

L'ennemi qui, vers quatorze heures, commence à
être pris à revers par les éléments avancés de notre
section de droite, se voit maintenant durement me-
nacé par notre gauche.

A partir de quatorze heures, les actes de bravoures
se multiplient. On dirait qu'un souffle d'héroïsme
passe sur l'éperon de la cote 207. *Des isolés, des petits
groupes, harcèlent durement l'ennemi et s'efforcent
de gagner du terrain.*

Vers quinze heures, le soldat Le Mestric, avec une
intrépidité incroyable, s'avance en rampant vers une

<hr>

(*) Devant l'attaque impétueuse et irrésistible de la section une
partie des Boches s'étaient enfuis; les autres jetèrent leurs armes et
levèrent les bras. Le soldat Dalverny, presque seul, s'avança au-devant
d'eux pour les capturer; la section s'était arrêtée.
C'est à ce moment là que les Boches reçurent des coups de feu de
quelques éléments du 44e régiment qui, trop loin de la scène, n'avaient
rien compris à ce qui se passait. Ils reprirent leurs armes et tirèrent.
Le soldat Dalverny fut tué presque à bout portant.

mitrailleuse. Il a deux grenades. Il est presque à bonne portée et reste un long moment immobile. Au moment où il se relève à peine pour bondir, il est tué d'une rafale en plein visage.

A dix-sept heures vingt-cinq, j'ai reçu un mot du sous-lieutenant Chazal : « Ici, pas un coup de canon sur les Boches de toute l'après-midi ; c'est pour cela qu'ils ne sont pas pressés de partir. » En effet, de toute la journée, pas un seul obus français ne tombera en avant de notre front. *Mais, par contre, l'artillerie boche nous arrose terriblement.* Vers seize heures, mon P. C. (une série de trous de tirailleurs hâtivement creusés), reçoit un tir extrêmement nourri de 77 ; à chaque mouvement d'isolés le tir redouble de violence. Le soldat Raymond Gaspard, à quelques mètres de moi, m'appelle : « Je suis blessé au cœur, je suis perdu ; vous trouverez près de moi un paquet avec une adresse. » A la première accalmie, je le fais transporter en un endroit moins exposé et essaye de le réconforter. Il me répond : « Je suis perdu ; mais je suis content. Je meurs pour la France : c'est la plus belle mort. »

Vers dix-neuf heures trente, le soldat Michel se porte seul vers un petit poste ennemi. Trois Boches sautent vivement sur leur mitrailleuse ; le soldat Michel tire, en blesse un et se précipite ; il capture et ramène les deux autres et l'engin.

A dix-huit heures trente, je prescris une dernière

attaque générale; mais elle devient presque inutile.
A vingt heures, tout l'éperon tombe en notre pouvoir.
La nuit, nos patrouilles franchiront partout la route
de Nanteuil à Pourcy. Nous avons dix-huit prisonniers, douze mitrailleuses.

Le lendemain dix-neuf, au matin, accompagné du
soldat Lauger, de la 1ʳᵉ compagnie de mitrailleuses, je
parcourrai le champ de bataille et pourrai y découvrir
onze cadavres boches, plus une tombe fraîche :

Hier ruht in Gott Musketier Max Wagner,
10ᵉ Komp. IR. 82, 18 Juli 1918.

L'ennemi que nous avons vaincu le 18 juillet 1918,
enterrait ses morts en plein combat!....

.·.

Tels furent, brièvement résumés, les événements du
17 et du 18 et le rôle que j'y jouais.
Tels furent, aussi, les soldats de ces glorieuses
journées.
Le 17, j'étais chargé d'enlever une crête, ordre excellent, mais dont l'exécution fut rendue impossible.
Le 18, je n'étais chargé de rien du tout (si ce n'est par

____

(**) « Ici repose en Dieu le fusilier Max Wagner 82ᵉ R. I., 10ᵉ Compagnie. — 18 juillet 1918.

ma conscience). Normalement, je devais laisser reposer ma compagnie et me reposer moi-même des fatigues extrêmes déjà endurées.

Mais j'avais entre les mains un outil de combat merveilleux, forgé en un travail acharné de dix-huit mois. Je rêvais d'attaquer. Je rêvais de pouvoir enfin cueillir les fruits de l'instruction intensive que j'avais donnée à mon personnel! Ma compagnie souhaitait la rencontre. Une occasion m'a paru se présenter; je l'ai saisie. Nous avons donné à fond. Le succès a couronné notre effort.....

.·.

[Avoir constamment, entre les mains, une troupe de choix prête au combat, n'est-ce point, à la guerre, la préoccupation qui doit dominer l'esprit du chef? Jusqu'à un certain grade (d'ailleurs fort élevé) le chef doit être avant tout, ESSENTIELLEMENT, ardemment un Instructeur.

Toutes les autres tâches disparaissent devant celle-là : l'instruction des hommes, des cadres, des officiers *de tous grades;* car une parfaite instruction quadruple, décuple et quelquefois centuple la valeur d'une troupe.]

Dans l'instruction intensive que j'ai donnée à ma compagnie, je crois avoir agi d'une manière originale, personnelle, d'après des idées très précises et autant que possible, sans rien laisser au hasard.

Ces idées furent-elles justes?
Evidemment, cela peut être contesté!...
Tout est contestable!....

Seulement, à la guerre, l'essentiel est de vaincre. Et des gens qui, sur cette question très précise, pourraient peut-être fournir un avis *éclairé*, ce sont Messieurs les *Fritz* qui, sur l'éperon de la cote 207, le 18 juillet 1918, à partir de neuf heures, reçurent les coups d'assommoir réitérés et irrésistibles des Poilus, des « grands soldats », des « as », en un mot, de la 2ᵉ compagnie!....

(Décembre 1918.)

IV

Et maintenant, pourquoi avons-nous rédigé ce récit et les deux documents qui le précèdent?

— « Quel est votre but? » nous demandait-on en janvier 1919.

Ce récit est une page d'histoire.

La prise de l'éperon de la cote 207 fait partie — en effet — de la Grande Guerre. (Elle fait même partie de la Grande Victoire qui, précisément, commença ce jour-là.) Elle est l'une des innombrables vagues qui sapèrent la falaise, jusqu'au moment précis où elle allait crouler de tout son poids. Elle n'est que cela; mais elle est cela. Et nous pensons être qualifié pour en causer!

Quant aux documents, ils forment avec le récit un tout indivisible; cela n'est que trop évident! Lorsqu'on a écrit certaines choses graves et qu'on les a proclamées a tous les échos durant de longs mois, on est tenu d'en produire une sûre et complète justification.

Et là-dessus, revenons à notre précédente image. La falaise, c'est la puissance militaire allemande. Elle a été sapée par un nombre incalculable de vagues : un nombre qu'il n'est pas possible de calculer; mais un nombre précis tout de même; un nombre déterminé!

L'assaut a commencé le 2 août 1914. Il a pris fin le 11 novembre 1918. Entre ces deux dates, la France a produit une série d'efforts — dont le total a déterminé la Victoire; total duquel pas un seul, aussi minime fût-il, ne peut être distrait: tout compte, tout a été nécessaire.....

Mais, pour être plus clair, nous allons changer de langage : car il nous faut, pour essayer d'expliquer quel peut être notre but, entrer dans une entière précision. Ne parlons plus de la France; parlons simplement des Français.

Qu'ont-ils fait, chacun individuellement, pendant la Guerre, en vue de la victoire?

Voilà une fort grave et considérable question.

Simple, pourtant, est la réponse.

Il y a tout d'abord la catégorie des enfants, qui étaient trop jeunes pour avoir pu comprendre quoi que ce fût aux événements.

Cette catégorie à part, quel a été le rôle de chaque Français, la part de chacun d'eux dans la commune Victoire? Immédiatement variable, évidemment. On a tout vu, dans cette guerre, depuis l'immonde Trahison (*) jusqu'au sublime !

La part dans la victoire d'une considérable minorité est exactement nulle. Par exemple celle des grands enfants, des gamins de tous les âges qui, pas plus que les marmots, ne comprirent jamais que nous étions en guerre; celle des malins, des cyniques, des malhonnêtes gens qui dirent :

— « Que les autres se débrouillent ! Tirons notre épingle du jeu ! »

Ce sont ces gens-là (et particulièrement les derniers), qui fêtèrent le plus lourdement l'armistice et qui, aujourd'hui, chantent plus fort que les autres : « *Nous* avons gagné la Guerre ! » C'est parmi eux, presque exclusivement, que se recrutent les individus absolument réfractaires à l'idée que nous pourrions avoir sous peu une guerre nouvelle. « Ce n'est pas possible ! vous disent-ils, ce serait trop horrible... » (Oh! oui, ██████████ bien sûr, ça serait trop horrible ! *Par conséquent*, n'est-ce pas, cela ne sera pas...)

La part de quelques Français fut immense.

(*) Les gens qui « ne croient pas » à la Trahison appartiennent à diverses catégories (et à leurs combinaisons) dont voici les principales.

Les fourbes qui croient à la Trahison, parcequ'ils la pratiquent admirablement ; mais qui, en la niant, espèrent naïvement camoufler leur fourberie. Les vendus, variété de la catégorie précédente. La phalange des « abîmés du cerveau ». Et enfin l'innombrable cohorte des avachis, des sceptiques, des naïfs, ceux qui n'ont jamais cotoyé le mal, qui n'ont jamais observé, jamais réfléchi, jamais vécu.

IL Y A DES GENS QUI, A SOIXANTE-CINQ ANS, NE SONT PAS ENCORE SORTIS DES JUPONS DE LEUR MÈRE !....

Et entre ces extrêmes, — dans le bon sens — il y eut tous les degrés dans l'importance des services rendus...

Enfin, il y a les Français qui, à des degrés divers, consciemment ou inconsciemment, travaillèrent au rebours, pour le Boche, pour l'ennemi.

Il y a eu la TRAHISON SOCIALISTE et les autres TRAHISONS... Il y a eu les stupides « pessimistes », les briseurs du moral. Il y a eu les incapables, qui se cramponnaient désespérément à leurs emplois et qui employaient toute leur énergie à briser implacablement ceux qui pouvaient leur porter ombrage. Il y a eu les grands voleurs publics, les ambitieux, LES ARRIVISTES A TOUS CRINS, les forcenés égoïstes, les pleutres et les fuyards... La liste est longue, hélas!...

La Victoire, en réalité, a été remportée par quelques Français, par une partie des Français qui étaient, il est vrai, la très grande et peut-être l'immense majorité du pays. Les autres les ont regardés faire ou, directement ou indirectement, ont trahi, ont travaillé contre la France.

On aura tout vu, vraiment, dans cette longue et terrible guerre. Le bien et le mal; le sublime et l'horrible se sont mêlés.

Dans l'armée, en particulier, notre splendide Armée française, qui fit l'étonnement même de nos ennemis, IL Y A EU A TOUS LES ÉCHELONS DE LA HIÉRARCHIE, DEPUIS NOS PLUS GRANDS CHEFS, TOUS EXCLUS, JUSQU'AUX PLUS HUMBLES DE NOS SOLDATS INCLUS, DES DÉFAILLANCES! Il y a eu des choses plus graves que des défaillances! Si la Trahison y fut moindre, l'INCAPACITÉ funeste et le FÉROCE ARRIVISME y sévirent avec ampleur, (reculant la victoire, fauchant nos soldats!) C'est dans l'armée, précisément, et particulièrement dans la zône du front, que le contraste entre le sublime et l'horrible fut le plus odieux et le plus saisissant. Et cela ne peut nullement ternir sa gloire, ni diminuer la valeur de ses éléments sains. Cela grandit, bien au contraire, leur mérite ET NE PEUT QUE REHAUSSER L'ÉCLAT DES SERVICES RENDUS!

Nous ne pourrions pas concevoir un seul instant que l'Armée fût placée pour ainsi dire, en dehors de la Nation, au point de vue des mérites ou des démérites de guerre.

L'Armée fut sublime.....

Oui, nous le savons! Nous avons été, comme des milliers de camarades, le témoin direct, *visuel*, de centaines et de centaines de traits d'héroïsme dont le souvenir seul nous arrachait presque des larmes! Nous avons eu des chefs, des camarades extrêmement nombreux — officiers ou soldats — merveilleux d'héroïsme, de ténacité, de coup d'œil, de jugement, d'abnégation. Au-dessous d'eux, il y eut l'immense foule des combattants qui, à des degrés divers, travaillèrent constamment, ardemment, pour la France, pour la Victoire. Oui, mais il y eut les autres, les autres....., les pleutres, les fripons, les Français INSUF-FISANTS de *tous grades* — (ou sans grade). Nous ne les avons pas oubliés! Nous ne les oublierons pas!.....

Et nous avons quelques mots à leur dire!...

Il ne faut pas distinguer l'Armée de la Nation; opposer l'Armée à la Nation. Il y a là un danger terrible, immense, et nous le signalons.

L'Armée fut sublime, *comme la France fut sublime.*
L'Armée et la France entière furent D'AUTANT PLUS SUBLIMES QU'ELLES EURENT DANS LEUR SEIN DES ÉLÉMENTS — ET NON DES MOINDRES — QUI FURENT INFINIMENT AU-DESSOUS DE LEUR TACHE OU QUI TRAVAILLÈRENT POUR L'ENNEMI!

Si la Victoire fut si lente à venir; si elle est, en fait, si incomplète et si précaire, c'est précisément parce que, tandis que la grande majorité des Français — *civils ou militaires* — faisaient leur devoir, d'autres — civils ou militaires — s'abstenaient et d'autres, consciemment OU INCONSCIEMMENT, trahissaient, travaillaient pour l'Allemagne. Et c'est ici, précisément, que nous voulions en venir!

Car enfin, nous marchons, nous courons vers une

nouvelle catastrophe, plus atroce peut-être que celle que nous venons de subir. Plusieurs en doutent — et nous avons dit qui étaient (pour la plupart) ces *étranges* individus. — Hélas! leurs doutes n'empêcheront pas les événements de suivre immuablement leur cours...

Et alors, que fera la France épuisée, dans cette nouvelle et terrible épreuve?

La question est lourde d'angoisse!

Car il faut bien compter sur cet élément nouveau, résultat essentiel de la guerre dernière : les deux millions et demi de Français qui dorment là-bas, dans les tragiques zônes du front ou qui ont été rendus par la guerre inaptes à tout emploi. Ils étaient la fleur de la jeunesse, la force et l'espoir du Pays.

Avec ce vide immense, comment allons-nous soutenir le choc?

Par les procédés de la dernière guerre?

Merci! Nous serions broyés en un mois!

Alors, faudra-t-il capituler?

Personne n'aurait l'infâmie d'y songer... Et quant aux défaillants, s'il s'en trouvait, nous saurions, nous l'immense majorité qui avons ardemment défendu la France, les rappeler brutalement au devoir. Car nous avons au cœur la haine des traîtres, bien avant celle de l'ennemi!

Alors, que faire?

Périr « glorieusement » et « nous ensevelir sous les ruines de la Patrie » ?

Ça, c'est très beau dans les romans ; et ça fait pleurer les vieilles concierges.

Mais pour nous, très peu ! Infiniment peu !... Nous n'en usons pas !....

Nous n'avons pas l'esprit macabre....

Nous acceptons *allègrement* (parce que c'est la meilleure façon de les accepter) les risques de mort INÉVITABLES de la bataille. Mais nous haïssons violemment et nous tenons en profond dégoût l'idée de la mort à la manière du bétail aux abattoirs ! Nous éprouvons d'ailleurs un mépris immense pour les candidats conscients à la mort du veau ou du mouton sous le couteau du boucher, pour les timides, les résignés, pour les pleutres !

Il reste une seule et unique issue : par des méthodes nouvelles, par un autre usage de nos forces, vaincre !

Nous pouvons avoir la victoire !....

La France ruinée, ravagée par la Guerre, décimée dans sa population virile, peut vaincre l'Allemagne, telle qu'elle reste : amoindrie mais son sol intact ; unie, hélas ! et assoiffée de vengeance !

Elle peut vaincre ; c'est-à-dire remporter non point une apparente victoire, une victoire contestée, une victoire à la manière de 1918 ; mais une victoire vraie, une victoire par nous-mêmes, écrasante et rapide ; quelque chose comme un knock-out aux premiers rounds.

La France peut vaincre, parce qu'elle possède un facteur décisif de victoire que l'Allemagne ne possède qu'à un degré infiniment moindre : le génie militaire de quelques-uns et une richesse incomparable dont l'Allemagne est dépourvue : la qualité, l'étoffe merveilleuse de ses soldats.

L'effet essentiel des diverses « trahisons » brièvement énumérées ci-dessus fut précisément de paralyser l'action de nos plus grands chefs et d'empêcher que fut pleinement utilisée la qualité de nos soldats ; en un mot de nous retirer nos deux moyens essentiels de vaincre.

La France vaincra si, pour la prochaine guerre, ces trahisons sont annihilées.

Pour la prochaine victoire, il faut sur toutes les horreurs morales, sur toutes les ignominies de la dernière guerre projeter une aveuglante lumière et porter sans pitié le fer rouge et la flamme !...

Tâche vengeresse, difficile, mais salutaire et qu'il faudra accomplir dans l'armée, rouage essentiel du pays en temps de guerre, avec une attention toute particulière et une énergie redoublée. L'accomplissement de cette tâche avant tout morale, de purification, d'assainissement, avec les châtiments exemplaires, matériels et moraux, nombreux, éclatants qui en seront l'indispensable préface ; l'accomplissement de cette tâche, à poursuivre parallèlement dans le Civil et dans l'Armée, nous paraît être, pour la France, une question de vie ou de mort. Il faut y procéder ou disparaître.

Et il faut y procéder sans retard ; car les évènements nous pressent !.......

Parmi les influences qui paralysèrent l'action de nos grands chefs, les unes furent étrangères à l'Armée ; et celles-là relèvent de tous les citoyens. Les autres tenaient à des causes profondes inhérentes à l'Armée et qui relèvent avant tout des Combattants.

Que les combattants qui ont observé, qui ont durement réfléchi, qui ont souffert (et ils sont légion), dénoncent hardiment, courageusement, implacablement ces causes de défaite et les attaquent sans merci.

Et que la France les entende !

V

Nous avons dénoncé dès le mois de juillet 1917 et même dès la tragique attaque d'avril de la même année l'insuffisance de l'instruction et de l'entraînement dans l'Infanterie. Nos idées ont sensiblement évolué depuis, *dans le détail;* mais le fond est resté : **l'insuffisance profonde de l'instruction de notre Infanterie a été l'une des causes qui nous ravirent partiellement la Victoire ; il a couché dans la tombe plusieurs centaines de milliers de Français, officiers ou soldats.**

Nous soupçonnons que ce défaut pourrait être étendu au moins à partir d'une certaine époque de la guerre à d'autres armes; mais pour l'Infanterie, nos conclusions sont absolues.

Et maintenant, ces errements de la dernière guerre (et d'avant-guerre ?) vont-ils continuer ?

ILS CONTINUENT.

Ils continueront INFAILLIBLEMENT, aggravés....
Nous ne voyons guère qu'un remède héroïque, sûr, rapide, à un état de choses pitoyable qui risque d'en-

traîner tôt ou tard la ruine même de la Patrie : une
réaction violente (coordonnée autant que possible) des
Combattants de tout grade qui ont vu clair. Elle seule
peut déterminer dans le Pays un mouvement irrésistible qui aidera puissamment nos plus grands Chefs
et les bons éléments de notre armée.

*Il ne faudra rien de moins, pour extirper le mal
redoutable;* car il a des racines profondes : la stupi-
dité, la paresse, alliées comme d'habitude (et comme
par hasard !), au plus monstrueux et sot orgueil.

Avant de clore cette brève étude, donnons encore
quelques fragments de nos « documents » de 1917
résumés ci-dessus. Ils indiqueront très sommaire-
ment certaines directions utiles de la pensée et certains côtés du vaste problème. Nous avons tenu à
les placer à la fin de notre travail.

« .... Ils connaissent, en général, infiniment
« mal la valeur offensive, ou simplement la valeur « *mi-*
« *litaire* » des unités sous leurs ordres. La valeur mili-
« taire d'une troupe, c'est son « savoir-faire » DANS LA
« BATAILLE. Ils s'attachent beaucoup à la correction du
« salut, à la correction des honneurs qu'on leur rend, à la
« belle tenue TOUTE EXTÉRIEURE de nos détachements sur
« nos routes. Ce ne sont là que des accessoires au combat!
« Ils se désintéressent — (du moins, il faut le croire?) —
« de l'instruction individuelle du soldat, de l'instruction
« des officiers, de celle des cadres; des tirs; de la manœuvre

« à outrance (et rationnelle) des toutes petites unités :
« compagnies, sections, groupements plus petits encore,
« c'est-à-dire de l'étude pratique du combat par ces mêmes
« unités, qui sont tout, dans la bataille! » (Juillet 1917).

« ..... Les lignes ci-dessus n'exposent, très brièvement et
à simple titre d'exemple, répétons-le, qu'une *infime parcelle* de ce que nous avons observé et vécu. En ce qui concerne les tirs de grenades à fusil, les tirs au fusil, au fusil-mitrailleur, la fortification, le camouflage, *l'étude du combat par l'homme, l'escouade, la section, la compagnie* les résultats sont identiques *ou pires*. Qu'on nous dispense, pour l'instant, de développer!... » (Août 1917).

Dans une école de couture, on enseigne la couture; dans une école de dessin, on enseigne le dessin; dans une école de commerce, on enseigne le commerce. Nous voudrions que dans l'Armée, en temps de guerre comme en temps de paix, en temps de paix comme en temps de guerre, l'on enseignât en premier lieu la guerre, en deuxième lieu la guerre, en troisième lieu la guerre; en quatrième et dixième lieu, un certain nombre de bagatelles et d'âneries qui n'ont, le plus souvent, avec la guerre, qu'un rapport des plus lointains et dont la véritable raison d'être est de donner à quelques uns *l'air* de faire quelque chose et à d'autres L'ILLUSION de « commander ».

Nous voudrions que les commandants d'unités ou

de fractions d'unités, DE TOUS GRADES, fussent notés
— presque exclusivement — de la façon suivante :

« X... Troupe de façade qui impressionne aux revues,
« aux parades; mais dont les soldats et les gradés savent
« tout juste par quel bout l'on charge un fusil; manquent,
« à cent mètres, une cible de quatre mètres carrés; se tuent
« entre eux aux tirs de grenades et n'ont aucune notion
« pratique des travaux de campagne, du camouflage, etc.,
« etc., etc.
« Officier inapte. Dangereux pour la discipline. A ré-
« former dans le plus bref délai, à moins d'un revirement
« complet dans sa manière de servir et de comprendre son
« rôle et ses devoirs.   Note 0,05/20. »

« Y... Troupe parfaitement instruite et entraînée en vue
« de la guerre, et qui administrera en toute affaire « la
« râclée » aux Boches! Moral très élevé. Pèche un peu
« dans les défilés, les revues.
« Excellent officier.   Note 18/20. »

« Z... Troupe parfaitement instruite et entraînée en vue
« de la guerre. Moral extrêmement élevé. Impeccable dans
« les défilés, les revues.....
« Officier d'élite.   Note 19,95/20. »

Lorsque quatre-vingt-dix pour cent des officiers de
notre armée (active et réserve) seront du type Y ou du
type Z, nous n'aurons rien à craindre des Boches.

Ils pourront pulluler comme des lapins, devenir deux fois plus nombreux que nous, deux fois plus orgueilleux et sauvages qu'en 1914, et nous attaquer « brusquement », à leur manière. Nous les mettrons *knock-out* au premier ou au deuxième round, *nous seuls,* nous Français !

Nous gagnerons la bataille de Charleroi !

Et si par malheur, par malchance nous perdions cette bataille, dès la première « Marne » nous rejetterions l'ennemi au-delà de nos frontières.

L'Armée Française INSTRUITE fera de l'Armée allemande, quelle qu'elle puisse être, une bouchée !...

L'étoffe de nos soldats est merveilleuse.

L'étoffe de nos officiers, aussi. (Qui pourrait le nier ? C'est le même sang; la même race........ Mais, de même qu'il faut former des soldats, *des vrais,* il faut aussi —et tout d'abord — former des officiers, *des vrais.....*)

Utilisons ces ressources ! Utilisons-les a plein ! C'est pour nous la meilleure et l'unique façon d'en être parcimonieusement économes.

Pour cela, il faut que le Pays s'en mêle, *après que les Combattants l'auront éclairé.*

Car la tâche est immense, écrasante; et nos grands

Chefs, absorbés déjà par d'autres besognes au moins aussi difficiles et tout aussi urgentes, n'y pourront suffire jamais !

PITIÉ AU POILU DE FRANCE!

Haine et vengeance implacables aux traitres et à leurs amis, leurs complices!

ET AIDE A NOS GRANDS CHEFS ET A LEURS VÉRITABLES COLLABORATEURS. Aide à la partie saine, et à l'élite de notre Armée!

(Novembre 1919.)

Raymond COURAL.